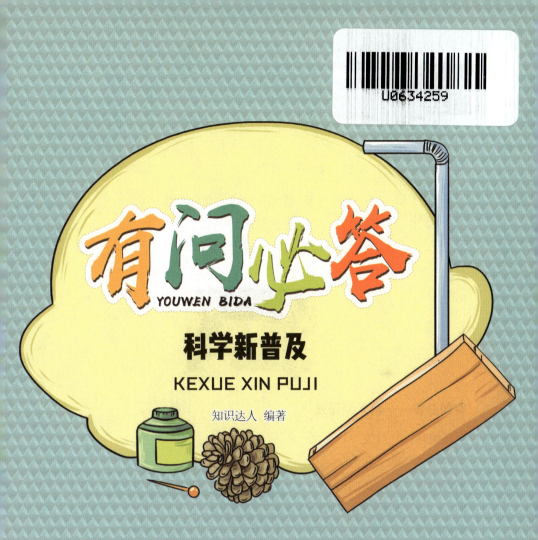

有问必答
YOUWEN BIDA

科学新普及
KEXUE XIN PUJI

知识达人 编著

成都地图出版社

图书在版编目（CIP）数据

科学新普及 / 知识达人编著 . —成都：成都地图
出版社，2017.1（2021.7 重印）
（有问必答）
ISBN 978-7-5557-0493-5

Ⅰ.①科… Ⅱ.①知… Ⅲ.①科学知识—少儿读物
Ⅳ.① Z228.1

中国版本图书馆 CIP 数据核字 (2016) 第 213158 号

有问必答——科学新普及

责任编辑：马红文
封面设计：纸上魔方

出版发行：成都地图出版社
地　　址：成都市龙泉驿区建设路 2 号
邮政编码：610100
电　　话：028－84884826（营销部）
传　　真：028－84884820

印　　刷：固安县云鼎印刷有限公司
（如发现印装质量问题，影响阅读，请与印刷厂商联系调换）

开　　本：710mm × 1000mm　1/16
印　　张：8　　　　　　字　数：160 千字
版　　次：2017 年 1 月第 1 版　印　次：2021 年 7 月第 4 次印刷
书　　号：ISBN 978-7-5557-0493-5
定　　价：38.00 元

前言

在每个人的生活中，都充满了很多很多的"小问号"，而又正是这一个个小问号，构成了人生的历程。

小孩子对世界充满了好奇，对知识也有着无限的渴求，脑袋里充满了更多更多的"小问号"。每当孩子睁着大眼睛问"为什么长颈鹿的脖子会这么长？"时，你也许能迅速回答，那是因为你知道。但是，还有很多问题或许你也不能给出准确的解释，怎么办？这需要查找资料，以便给孩子准确的答案。

为此，我们特地从生活中的小事物、小环节入手，精心编制了这本《科学新普及》，目的是帮助家长们解答孩子们的那些"小问号"。

我们真心地希望这套《有问必答》能成为孩子打开智慧之门的钥匙。

目录

目录

目录

植物奇闻

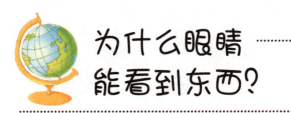

为什么眼睛能看到东西?

眼睛是人类感官中最重要的器官,大脑中大约有80%的知识和记忆是通过眼睛获取的。通过镜子,我们可以看到在眼球中间有个圆孔,旁边有一圈齿轮状的东西,这就叫瞳孔。

外界的光线通过瞳孔照入眼球里面,眼球里的晶状体再把光线会聚、反射到视网膜上,视网膜上1亿多个视神经细胞,把物体上的感觉"影像"摄下来,图像刺激视网膜上的感光细胞,产生神经冲动,沿着神经传到大脑的视觉中枢,视觉中枢经过分析、辨认,就让我们看到东西了。

轻松考考你

为什么我们要爱护眼睛呢?

1

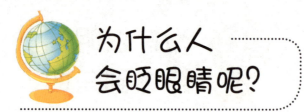

为什么人会眨眼睛呢？

人从出生开始，就会眨眼睛。每天，人大约会有规律地眨10000次眼睛。

人眨眼睛有很多作用，一能促使泪液分泌。眼球其实是非常脆弱的器官，因为裸露在外面，很容易因为干涩而引起疼痛，眨眼睛就能将泪水均匀地抹在角膜和结膜上，使眼睛保持清洁、明亮，还可以挡住外界的灰尘、飞虫，保护眼睛。

另外，眨眼睛还可以防止阳光持续进入眼内，使眼底的视网膜得到休息，能继续有效地工作。

轻松考考你

眨眼睛的次数越多，是不是就越好呢？

 # 为什么人的眼睛长在脑袋前方？

　　动物的眼睛大多都长在脑袋的两侧，可为什么人的眼睛却长在脑袋前方呢？

　　其实，这是生物进化的结果，也是人类适应环境的最佳选择。眼睛长在脑袋前方，就可以看得更远，视野也会变得更加开阔。而且，眼睛长在前方还有助于人类的智力发展。

人有"第三只眼睛"吗？

所谓"第三只眼睛"，实际上指的就是我们体内的松果体。它位于我们头顶正中的深处，形状就像是松树的果实。

科学家研究发现，松果体是人体内的一种生物钟，人们可以利用它来感知外界的昼夜交替。因为它就像眼睛一样，能感觉到外界的昼夜变化，所以人们才叫它"第三只眼睛"。

轻松考考你

"第三只眼睛"真的是一只眼睛吗？

人依靠什么闻各种气味？

　　妈妈在厨房里做香喷喷的饭菜，我们在外面就能闻到香味，这得感谢我们灵敏的鼻子。

　　在我们鼻腔后面覆盖着一层黏膜，它就是我们的嗅觉器官。黏膜上分布着数不清的细毛，它们能将传入鼻腔的气味分子慢慢传开和加热，刺激嗅觉的毛根细胞。接着，处于兴奋状态的毛根细胞会立刻将信息输入到大脑的嗅觉中枢，嗅觉中枢会做出相应的反应，让我们确认闻到的气味。

世界真奇妙

如果有较大的异物进入鼻腔，如小虫、草屑等，鼻毛不但能拦阻，还向神经系统传递信息引起打喷嚏，把它们清除出来。

为什么鼻孔里会长鼻毛？

照照小镜子，会看到我们的鼻子里长着一丛黑色或褐色的鼻毛，大家可别嫌它们难看，把它们给拔掉哟，因为它们是人类进化过程中，为保护我们身体而生长的。

人在呼吸的时候，会把空气中的灰尘和细菌也吸进去。这些东西会传染疾病，危害人体健康。

而鼻孔里有了鼻毛，就像有了一层过滤网，呼吸时，鼻毛会把灰尘、细菌等粘住，不让它们进入身体。

人为什么吸进是氧气呼出是二氧化碳?

　　大家一定会觉得很奇怪，人为什么将氧气吸进体内以后，呼出来的却是二氧化碳呢?

　　这是因为氧气被鼻孔吸入气管，然后进入埋藏在两肺之间的支气管，再扩散到肺泡中的毛细血管中，随血液流到人体的各个器官。同时，人体产生的二氧化碳通过气体交换进入肺泡内部，再从支气管汇集到气管处随呼吸排出体外。

　　树木通过光合作用，吸入二氧化碳，能产生大量的氧气，是人类的好朋友。在树木茂盛的地方，空气非常清新。

人为什么习惯用右手？

过去，大家都觉得人习惯用右手并没有什么秘密。认为这是在人类长期进化演变和劳动过程中渐渐养成的习惯，并一代一代地传下来，逐渐变成了先天的遗传特性。

而从生理学角度来说，我们的大脑有两个半球，它们管理着不同的方面，左半球管理右手的活动，而左手的活动则由右半球负责。左半球相对来说，对活动的灵活性管理得更多。所以，右手运用起来比左手更容易一些。

世界真奇妙

有一些人习惯用左手来做事情，这样对开发右脑很有帮助。习惯用左手的这类人被称为"左撇子"。

人有多少根头发呢?

小朋友的头发从小时候稀稀拉拉的几根小黄毛到长大后满满的一头黑发，变化可真大啊！

虽然每天都会掉一些头发，可我们的头发好像还是那么多。一个人到底有多少根头发呢？经过科学家的测算，一个人的头发大约有 10 万 ~12 万根。每一根头发都可以连续生长 2~6 年，它们每天都在无声无息地生长着。头发虽然很多，但是因为每根头发都非常细，所以，扎在一起并不会觉得很多。

为什么头发会掉？

人们每天梳头时，都会掉一些头发，这是正常的新陈代谢现象，平均每天掉几十根头发都没关系，因为每天都有新头发长出来。

有时候，因为生病，尤其是发烧的时候，我们会出现大量脱发的现象。有些小朋友因为偏食，长期吃糖类和脂肪类的食物，而不吃蔬菜、水果，这样会使身体在新陈代谢过程中产生酸毒素，也会造成脱发及头发变黄。

皮肤的表皮和头发一样都有生长周期，也会变成死皮，并且脱落。想要拥有健康的头发，我们应该多吃什么食物呢？

10

轻松考考你

为什么爸爸妈妈不让我们抠肚脐呢？

为什么人会有肚脐？

人身体的器官通常都是左右对称，成双成对的，而肚脐却不偏不倚地长在身体中间。它究竟有什么作用呢？告诉你吧，如果没有肚脐，我们便不能存活在这世界上了。

当胎儿还在母亲的肚子里时，是通过脐带从母亲那吸取氧气和血液里的养分，这样胎儿才能不吃东西也能维持身体的发育。当婴儿出生后，医生会把连着母亲和胎儿的脐带剪开。等婴儿身上剪掉脐带的伤口所结的痂子掉了，就留下了肚脐。

世界真奇妙

经历时间的变迁，骨头会渐渐变成像石头一样的东西，成为宝贵的化石。

人身上有多少块骨头？

　　人之所以能够站立、活动，全是因为骨骼帮助我们建立了一个坚固的人体支撑系统。

　　人身上的骨头共有 206 块，大小不同，形状也大不一样，它们不是单独存在，而是联结在一起的。骨头里含有丰富的钙，所以才那么坚硬。

　　骨头里的骨髓更是与我们的生命息息相关，因为这里是人体的"造血工厂"。红骨髓能源源不断地为我们创造出红细胞和白细胞。

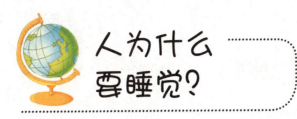

人为什么要睡觉?

睡觉是我们每天都要做的一项活动，是不用学习就会的。

睡觉是一种正常的生理反应，是大脑神经活动的一部分。它是大脑皮质内神经细胞持续兴奋后，产生抑制的结果，它告诉大脑：你已经活动很久了，该休息了。

如果大脑处于极度兴奋状态，就会抗拒休息，硬撑着活动。当抑制发生作用时，人就会想睡觉。睡觉是为了保护人的神经细胞，让它得到充分的休息后重新兴奋，使人们可以好好工作。

世界真奇妙

几乎每个人都需要睡觉休息，才能保证白天精力的充沛。

成年人每天需要7~8个小时的睡眠时间，儿童需要的时间则更多。

　　有的人睡觉时特别容易打呼噜。打呼噜对人体健康是否有危害？

为什么睡觉时会打呼噜？

　　"呼噜……呼噜……"爸爸睡觉的时候，总是发出这样的声音，就像打雷一样。

　　这是因为睡觉时，靠近喉咙的"小舌头"也会放松下来，垂在喉咙口休息。如果睡姿不好，或者感冒鼻子不通气，就会不自觉地张口呼吸。

　　吸进和吐出的空气气流冲击着"小舌头"，就会发出呼噜声。气流振动口腔上面的软腭，也会发出沉重的呼噜声。

人为什么会做梦？

梦是什么？是人睡觉时没有休息的那部分大脑通过运动引起的表象活动。无论做的是噩梦还是美梦，都属于正常的生理和心理现象。

为什么梦里发生的事情似乎都很离奇，甚至是很荒唐呢？这是因为大脑把我们平时经历过或看到、听到的事情，在睡觉时重新排列组合一番，甚至还加上了一些新的内容，展现在我们面前时，往往已经是面目全非了，所以我们才会觉得做的梦既熟悉又新奇。

世界真奇妙

身体不舒服时，大脑受到刺激，做出的梦通常会比较古怪。

人的皮肤有什么用处?

人的身体表面附有一层薄薄的皮肤，是人体很重要的一层保护膜。

如果人没有了皮肤，后果将不堪设想。皮肤像口袋一样，将我们的身体包裹起来，起到保护的作用。

皮肤表面还分布有许多的汗腺和皮肤腺，分泌出的汗液和皮脂液能保持皮肤正常的油性，防止皮肤因为太过干燥而出现干裂的情况。

不仅如此，皮肤还能促进身体里面的热能、废物和毒素分泌，保证正常的新陈代谢。

世界真奇妙

皮肤中黑色素细胞的含量不同，会显示出不同的肤色。皮肤组织具有很强的再生能力，所以我们的伤口才会在短时间内愈合。

为什么转圈后会感到头晕？

　　在我们的内耳中有一种被称为外淋巴的液体，同时存在的还有一些极细的感觉细胞——纤毛。

　　静止状态下纤毛是笔直竖立的。当人在旋转的时候，外淋巴也会跟着旋转，带动纤毛顺着旋转的方向弯曲，就像水草受水流影响而摇摆一样。纤毛的弯曲会让人产生眩晕的感觉。

　　当转动的身体停下来后，在惯性的作用下，外淋巴暂时停不下来，纤毛仍然要荡漾一会儿。直到外淋巴完全停止下来，纤毛才会重新竖立起来。所以，转了圈之后，人就会感觉到头晕。

吃下的食物都去哪里了？

　　人每天都会吃含有各种营养的食物，因为摄入了食物我们才有力气做事情。可吃的那么多食物都到哪去了呢？

　　食物通过食道进入肠胃，在消化的过程中，食物中的养分被吸进血液，血液再把这些养分运送到身体的各个部分，大部分养分转变成能量，在日常活动中被消耗掉。

　　简单地说，就是通过肠胃的消化把有形的食物转化成了无形的能量。

世界真奇妙

　　每种食物中含有的营养元素不同，所以我们不能偏食，要摄取多种食物中的营养，这样才有利于身体健康发育。

轻松考考你

肚子叫得很厉害时，一下吃很多东西，这样做好吗？

为什么肚子会咕咕叫？

为什么我们常常会听到自己肚子里咕咕叫的声音，甚至有时候还能听到别人的肚子咕咕叫呢？

原因是我们平时吃下去的食物，都会被送到肠胃里经过消化吸收。如果吃的东西比较少，或是离下次吃饭的时间太长，当肚子里的食物又已经消化光了的时候，肠胃仍然会习惯性地继续蠕动，做着消化运动。因为肠胃是空的，里面的气体就会因肠胃的蠕动而发出声音，提醒我们应该吃饭了。

轻 松 考 考 你

　　为什么长颈鹿能轻松吃到树上的叶子？

为什么长颈鹿的脖子会那么长？

　　生活在非洲草原上的长颈鹿，是陆地上最高的动物，长长的脖子可有不小的功劳呢。

　　长颈鹿的脖子那么长是长期适应环境的结果。法国生物学家拉马克，以"用进废退"和"获得性遗传"的理论解释了长颈的形成过程。长颈鹿的祖先生活在没有草的环境中，为了生存，需要时刻努力伸长脖子去吃高处的树叶，这样，脖子慢慢就变长了，长在头顶的眼睛还能远远看见四周的情况，及时发现危险。

为什么跑步后心脏会砰砰响?

跑步运动之后，人的身体机能被调动起来，血液循环的速度加快，这就要求为身体供出的血液量增大和速度增快，心脏的收缩也会跟着加强，以适应身体体能消耗的需要。

心脏的工作速度提高了，就会发出"砰砰"的声音。

轻松考考你

进行适当的体育运动，能让心脏得到锻炼，变得更强壮，身体也会更健康。你知道我们的心脏位于身体的哪个位置吗？

人害羞时为什么容易脸红？

害羞通常是因为紧张而产生，而紧张感的出现会通过感官传递到大脑皮质，大脑在收到信息后快速进行分析判断，然后会刺激肾上腺素。

肾上腺素和我们的情绪有着很紧密的关系。当它少量分泌的时候，会使血管扩张，全身出现膨胀发热的现象。而脸部的微血管因为细小，扩张的现象就会更厉害，透过薄薄的皮肤显露出来，所以我们会感到脸上发热发红。

有一种植物叫"含羞草"，叶片细小，当用手触及叶片后，叶片会立即闭合，仿佛很害羞的样子。

轻松考考你

除了害羞的时候，在哪些情况下，我们也会脸红呢？

平常我们看到，血从体内溢出后，有的凝固较快，有的凝固较慢，你知道这是为什么吗？原来，这是血小板的缘故，如果一个人血液中血小板含量偏低，那他的血液凝固需要的时间就长一些，反之，则慢些。

为什么血是红色的？

我们受伤的时候，总能看到从伤口里流出一种红色的液体，这就是人类和动物都不能缺少的血。

除了一些特殊群种外，绝大多数生物的血都是红色的，包括我们人类的鲜血。血为什么是红色的呢？

这是因为血液里含有大量由红色蛋白构成的红血球，所以血是红色的。由于每个人血液中含有红血球的浓度不一样，所以红的程度也有细微的差别。

为什么泪水是咸的？

　　人的泪水看上去晶莹透亮，但实际上它除了 99% 的水分，还含有 1% 的固体，固体中一半以上含有盐。

　　泪水里面怎么会有盐呢？在眼球的外上方有一个腺体，叫泪腺。泪腺用血做原料，经过加工后才制造出了眼泪。而在人体的血液、体液和组织液里都含有盐分，用血做的眼泪里有盐分就不奇怪了。

　　不过因为眼泪中的盐分含量很少，所以只有淡淡的咸味。

世界真奇妙

　　汗水会有咸味，也是同样的道理。

　　泪水中不仅含有盐，还含有能够溶解细菌的酶，有杀菌和轻微消毒的作用。

世界真奇妙

声音具有像光一样遇到障碍物能反射回来的特质，所以在四周有障碍物的环境中，发出声音后我们可以听到回声。

为什么爸爸妈妈的声音不一样？

男性和女性在生理上有很多不同，就发音器官——声带来说，男人的声带比女人的长、宽、厚。所以，爸爸发出的声音低而粗，妈妈发出的声音高而尖。

男孩在成长过程中会有一个变声期，在这个时期，他们稚嫩的童声变成浑厚的成熟男声。每个人的声带都不完全一样，所以声音也不会一模一样。根据不同的声音，我们就能分辨人的特征，不至于把两个人弄混淆。

世界真奇妙

　　随着胎儿的不断生长发育，妈妈的肚子也会越来越大。每个人都是从一个小小的细胞开始，在妈妈的肚子里慢慢长大，然后降临到这个世界的。

为什么有男、女的区别？

　　未出生的小宝宝究竟是男孩还是女孩，这似乎是件很神秘的事情，其实通过研究早就发现，父亲决定着孩子的性别。如果细胞中含有两个 X 染色体，就是女孩，如果含一个 X 染色体和一个 Y 染色体，则是男孩。这些肉眼看不见的染色体就叫做性染色体。

　　在孩子诞生之前，妈妈的身上就已经携带一个 X 染色体了，如果爸爸给出的是 X 染色体，结合出来的就是女孩，如果是 Y 染色体，那就是男孩了。

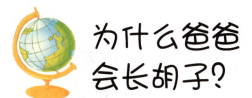

为什么爸爸会长胡子?

人的身体里内分泌腺会分泌一种物质——激素，它还有个名字叫荷尔蒙。它能刺激我们的生长发育，使我们长高长大。

激素又分为雄性激素和雌性激素两种，在一定情形下可以自由转化，来帮助我们突出自己的性别特征。男性的身体里有着大量的雄性激素，正是在它们的作用下，男性才会长出胡子。

所以，通常情况下只有爸爸才会长胡子，妈妈是女性，身体里含有大量雌性激素，不具有男性的这种特征。

世界真奇妙

几乎每个男性都离不开刮胡刀，如果长期不清理胡茬，就会给人不修边幅、没有精神的感觉。开始长胡子是男孩逐渐发育成熟的表现。

　　因为人有个体差异，所以脸上出现皱纹的时间也是不一样的。你知道人的脸上哪个部位最容易长皱纹吗？

为什么老人脸上会长皱纹？

　　爷爷奶奶的脸上有一道道的褶子，大家叫它们"皱纹"。为什么爷爷奶奶会长皱纹，小朋友却没有呢？

　　这是因为人的皮肤会随着年龄的增长，经历一个成长和衰老的过程。年轻时，皮下脂肪组织丰满，肌肉发达，皮肤绷得很紧，看起来很平滑，没有皱纹。

　　但是随着年龄的增长，人体机能开始衰退，脂肪组织也开始萎缩，皮肤就会变得松弛而聚在一起，自然就会出现许多皱纹了。

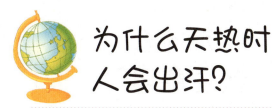

为什么天热时人会出汗？

天热的时候或是剧烈运动之后，我们皮肤里有一种叫汗腺的器官，会帮我们把带有热量的汗通过汗毛孔送到皮肤外，身体的热量会随着汗水的蒸发而消失。

人只有通过汗腺将热量散发出去，才能维持身体温度的平衡。否则热量散发不出来，导致体温升高，那可就要生病了。同时，汗带走的还有身体里的盐分，这也是汗水有咸味的缘故。

轻松考考你

夏天喝点加盐的水，对身体可是大有好处。你知道汗腺在我们身体哪些部位比较集中吗？

人为什么会生痱子？

在闷热的夏天，小朋友的身上很容易长又红又痒的痱子。它们大多是红红的一片，有些是白色的小疹，又痒又疼，让小朋友挠个不停。为什么我们会长这种讨厌的痱子呢？

如果我们出的汗太多，皮肤没有及时得到清洁，毛孔就会排泄不通，引起皮肤的炎症，就会产生痱子。痱子虽然讨厌，不过并没有生命危害，只要定期洗澡，保持皮肤的清洁卫生，适当接受阳光的照射，保持衣服的宽松，减少运动，少出汗，就可以防止痱子的出现了。

轻松考考你

洗澡之后，妈妈为我们扑的痱子粉也能起到防治痱子的作用。你知道痱子容易在哪些部位出现吗？

轻 松 考 考 你

所谓打喷嚏，就是一种不由自主从口鼻喷出气息的突然行为。在别人面前不注意遮掩，乱打喷嚏，这种行为会受欢迎吗？

人为什么会打喷嚏？

人为什么会打喷嚏呢？

其实，有很多因素会引起一个或者一连串的喷嚏。比如鼻黏膜受到尘土、花粉或烟草味的刺激，就会打喷嚏；强烈的喷嚏可由枯草热、过敏症、哮喘或百日咳这些疾病引起。不过，一般的感冒头疼是引起打喷嚏最主要的原因。

你一定不知道，打喷嚏时，会有成千上万的细菌随着喷嚏飞沫喷到大约 5 米远的地方呢。

为什么人会中暑？

　　用手触摸或是用温度计测量时，都能感受到自己身体表面的温度。

　　人的正常体温在 37℃ 左右，如果高出这个温度，人体就会有明显的不适感。

　　夏天，因为气温本来就高，如果在户外进行剧烈运动，人的体温很容易会超过正常温度，就会表现出不适，出现头昏、出汗、胸闷、心跳加速、恶心等症状，这就是中暑了。严重时，甚至会昏迷，有生命危险。

轻松考考你

　　你知道中暑后有哪些急救方法吗？

轻松考考你

　　既然发烧时我们的身体会产生抗体来抑制病毒，那我们还需不需要吃药呢？

为什么生病时常伴随发烧？

　　当细菌和病毒进入我们的身体后，会放出一些有毒物质引起病变，使人体感到很不舒服，同时会刺激身体里负责调节体温的神经，引起发烧。

　　在发烧时，我们的身体会自动产生抗体，生成许多抵抗细菌和病毒的细胞，就好像忠诚的卫兵为了保护家园，和那些侵犯者展开激烈的战斗，直到把它们消灭为止。

　　所以说，发烧时虽然很难受，但那也是身体一种自我保护的表现，并不是一件坏事。

世界真奇妙

　　不同情况下，咳嗽的频率也是不同的。有的情况是只咳一下，有的情况是连续地咳。

为什么人会咳嗽?

　　当人吃东西、喝水的时候，因太心急食物不小心滑落到气管里，还有被烟呛着或气管发炎的时候，都会刺激气管壁上面的神经。

　　气管壁上面的神经受刺激后，就会把信息传递给大脑，于是大脑就命令管呼吸的肌肉，让肺里面吸足空气，然后管呼吸的肌肉再猛力地突然收缩，把进入气管里的烟和其他东西赶出去，人就咳嗽了。

　　所以，小朋友吃东西时，要慢一点，同时不要边吃边说笑，避免呛着。天冷的时候，要穿好衣服，不然着凉感冒或得了气管炎都会引起咳嗽。

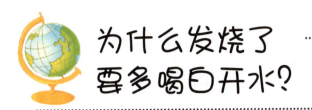

为什么发烧了要多喝白开水？

　　每当生病发烧的时候，妈妈总是让我们多喝一些白开水。白开水又不是药，到底对身体有没有好处呢？

　　发烧时，人的体温会升高，身体表面的水分会很快蒸发掉，导致身体缺水。如果身体发生脱水现象的话，就会加重病情。多喝白开水，可以及时补充体内丢失的水分，还可以增加小便的次数，将因为生病而产生的毒素及时通过尿液排出体外。

轻松考考你

　　生病的时候，应该多吃水果吗？

35

为什么早晚都要刷牙?

　　小朋友早晨起床后，会感觉口腔里发黏、有异味，而且口腔里有很多细菌，因此大家都习惯了早晨刷牙。但是晚上睡觉前，刷牙也是非常重要的。这是为什么呢?

　　如果不刷牙就上床睡觉，嘴里的唾液减少了，食物残渣在细菌作用下就会发酵，产生的乳酸很容易腐蚀牙齿，造成龋齿。严重的话，牙齿还会脱落呢。因此，小朋友临睡前一定要认真刷牙，养成早晚都刷牙的好习惯。

世界真奇妙

　　牙齿按部位和形状的不同，分为门齿、犬齿和白齿。

　　经常剔牙容易使牙缝变宽，使细菌有机可乘，还容易发生蛀牙。

轻松考考你

哪种睡姿对我们的身体最有好处？

为什么不能蒙头睡觉？

人的呼吸是维持人正常生活的重要生理活动，通过吸进氧气呼出二氧化碳，为血液提供氧气。所以说，只有呼吸正常才能保证各器官的工作。

如果蒙着头睡觉，被子里的空气缺乏流动，二氧化碳越来越浓，氧气却变得浑浊、稀少，我们就得不到足够的、干净的氧气，呼吸就会受到妨碍，并导致缺氧。

不卫生的空气质量很差，不能保证身体各器官的需要，尤其不利于大脑的发育。

世界真奇妙

睡懒觉时，肌肉组织长时间处于放松状态，起床以后总感觉腰酸背痛，四肢无力，这就是睡眠综合症。

早晨起床以后，不宜做剧烈运动，因为肌肉经过一夜的休息，已经处于松弛状态。这个时候做剧烈运动，可能会对肌肉造成损伤。

睡懒觉对身体有哪些危害？

小朋友，你知道吗？睡懒觉会对我们的人体产生危害。首先，睡懒觉会扰乱人体内生物钟的正常规律，时间长了，就会导致精神不振，情绪低落。

睡懒觉还会影响我们的胃肠功能。一般吃早饭在7点左右，这时前一天晚餐的食物已经基本消化完，胃肠会因为饥饿而引起收缩。睡懒觉导致不能按时吃早饭，时间长了，胃部就会患病。同时，睡懒觉还会影响记忆力。所以，我们一定要养成早睡早起的好习惯。

为什么饭前要洗手?

从小到大，爸爸妈妈总是提醒我们："要吃饭了！洗手了吗？"

为什么饭前要洗手呢？有时候，我们的手看上去干干净净，没玩泥巴，没玩皮球，什么脏东西都看不见，这样也要洗手吗？

是的，因为自然界中有许多我们肉眼看不见的细菌，但在显微镜下，我们马上就会看到它们"得意"的样子。细菌会通过各种途径，悄悄沾到我们的身上、手上。如果用脏手拿东西吃，细菌就会跟着被吃到肚子里，很容易引起肠胃疾病。

轻 松 考 考 你

除了饭前，还有哪些时候需要洗手呢？

39

为什么说认真吃早饭很重要?

俗话说：一年之计在于春，一日之计在于晨。所以说，早饭吃饱吃好，对我们一天的学习和生活有着非常重要的影响。

不吃早饭或吃得不够营养，就无法提供大脑所需要的足够的能量来源——葡萄糖，这样就会使人精神不振，注意力不集中，记忆力下降。这样一来，学习效果当然也不会好了。葡萄糖是生物体内新陈代谢不可缺少的营养物质，因为最初是从葡萄汁中分离出来的结晶，所以叫"葡萄糖"。

不仅如此，不吃早饭还会影响身体的成长发育，经常不吃早饭还容易得胃病。

我们的早饭要吃哪些食物才算营养丰富呢？

40

为什么吃太多零食不好？

　　小朋友都喜欢吃零食，可要是吃得太多的话，会打乱我们肠胃正常消化活动的规律。

　　当我们开始吃饭时，胃就要同时勤恳地工作了。它不断分泌出消化液来消化食物，吸收营养。如果嘴里的零食总是不停，那么胃的工作也就停不了。整天工作，胃不断分泌消化液，会感到很疲惫。而到吃饭时，就会因为胃的消化液分泌不足，影响正常的营养吸收。

　　另外，有些零食不卫生，如果吃到不干净的零食，还会拉肚子，甚至引起肠胃疾病。

为什么不能吃太多冷饮?

冷饮是一种降温食品，能在炎热的夏天给我们带来凉爽。

但是如果吃得太多，就会对胃肠形成冷刺激，引起胃肠道的强烈收缩，造成胃肠的痉挛。

因孩子正在发育的胃肠道比较脆弱，在受到冷饮刺激时，口腔、胃黏膜的血管剧烈收缩，会影响局部的血液供应和胃液的分泌，引起腹痛、腹泻和食欲不振等症状，所以冷饮应该少吃为好。

轻松考考你

吃了冷饮之后，味觉会变淡许多。冷饮吃多了会出现哪些症状呢?

除了口服用药，我们平时还会用其他什么方法呢？

为什么吃药不能用牛奶或果汁？

　　牛奶虽然含有丰富的营养，但是用它来服药，会在药物外面裹上一层黏膜，让药物中的有效成分不容易释放出来消灭病菌。同时，牛奶中的钙会和一些药物发生反应，生成一种不溶性物质，损害我们的肠胃。

　　有些小朋友嫌药很苦，就和甜甜的果汁一起喝下肚。这可不好，因为果汁中含有大量的维生素 C 和果酸，会让有些药物发生副作用，甚至产生有害的物质。

为什么饭后不能立即剧烈运动?

饭后立即进行剧烈运动，是很危险的事，可能会引起肠胃病。因为刚吃过饭，肠胃里面充满了食物，为了加强消化器官的工作，体内的大量血液会集中在消化器官上，补充更多的氧气和能量。

如果此时进行剧烈运动，或紧张的脑力劳动，就需要从消化器官中抽调一部分血液来支援全身，使消化器官血液不足，影响消化。而且，剧烈的抖动还会加剧肠胃的负担。

轻松考考你

运动之后能不能马上吃东西呢？

轻松考考你

枕芯需要消毒，那么枕头套和枕巾呢？

为什么要定期晒枕头？

睡觉时，皮肤蒸发及体内排泄的污浊气体会渗入枕芯，头皮分泌的汗渍、油垢也会侵染枕芯，使棉花、羽绒做成的枕头成为藏污纳垢的地方。

如果是病人睡过的枕头，还会将细菌、病毒、寄生虫留在枕芯里，成为传染源。所以经常把枕芯放到太阳下晾晒、消毒，能起到杀灭细菌、病毒的作用。

怎样才能长得更高？

每个小朋友都希望自己能长高，可怎么才能长得更高呢？这啊，除了和爸爸妈妈的遗传有关，还和平时的营养、睡眠和运动有着密切的关系。

人的身体发育需要各种营养，豆制品类、牛奶、肉类、蔬菜、水果……哪一类都不能缺少。如果偏食、挑食，就会让我们的身体发育不平衡，当然就不会有好身体了。

睡眠也很重要，科学家研究表明，晚上 10 点以后是生长激素分泌最旺盛的时候，所以按时睡觉很重要。而适当的运动能帮我们增强体质，伸展我们的骨骼。

为什么要打预防针？

　　婴儿出生离开母体后，就失去了天然的保护屏障。随着孩子的成长，在外面的活动机会增多，免疫力低下的他们很容易受到细菌、病菌的侵害，特别容易患传染病。

　　为了避免传染病的侵犯，保证孩子的健康成长，就必须进行预防接种，注射疫苗。有些预防针注射一次就可以受用一生了，有的则需要定期注射。

　　有些预防针打了以后，会在我们的胳膊上留下一个小疤，不过那对我们的身体并无损害。你知道自己已经打过哪些预防针了吗？

为什么不能用手抠鼻子？

鼻子有时候会痒痒的，很难受，很多小朋友都会伸出小指头去抠，还挺使劲呢。

但是你知道吗，如果用手使劲抠鼻子，容易把鼻子的黏膜抠破。病菌会乘机钻进血管里，引起鼻孔红肿、发炎，而且容易损伤鼻毛。鼻毛能挡住空气中的脏东西，保证进入鼻孔的空气的洁净，要是把它损坏了，很容易受病毒和细菌的感染。

世界真奇妙

鼻子是我们重要的嗅觉器官，全靠黏膜上的嗅觉细胞在起作用呢。同时，它还是重要的呼吸器官。

手机在有些地方无法接通，是因为旁边有建筑物屏蔽了卫星信号。

小孩子能用手机吗?

随着手机的普及，越来越多的小孩子用上了各种样式新颖的手机。通过手机，爸爸妈妈可以在第一时间了解孩子的动向，从人身安全来说，这是一件好事。

可是，手机本身具有辐射，对孩子的身体健康来说是非常不利的。国外的研究者发现，使用手机可能造成耳部肿瘤和血压升高等疾病，尤其是对尚未发育完全的儿童的大脑组织来说，更是有着极大的破坏力。

如果必须要携带手机，也要尽量降低使用的频率。

小孩能用化妆品吗?

化妆品虽然能让人变漂亮，不过里面或多或少都含有一些化学成分，很容易让小朋友娇嫩的皮肤过敏。

有些劣质化妆品中，含有很多有毒物质，可导致癌变。如果涂了口红吃东西，很容易将涂抹在嘴上的口红吃进体内，引起铅中毒。

如果儿童一旦误用了大人的化妆品后，有发红发痒的过敏反应，应该立即停止使用，并及时冲洗干净，情况严重者应及时到医院就医。

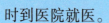

世 界 真 奇 妙

口红最早出现在埃及，不过那会儿只有蓝色的口红。

在中国，分布最广泛的是张、王、李、赵四个大姓，据统计，姓张的就有1亿多人呢！你能说出家人和好朋友的姓吗？

"姓"是怎么来的？

中国人在五千年前就有了姓氏，那时还是女性当家做主的母系社会，所以"姓"是由"女"和"生"两个字组在一起的。

最开始的姓，来自居住的村落，或是所属的部族名称。到了后来，我们才开始跟爸爸姓。有了姓，再取上名字，也就是我们每个人的姓名了。

北宋时期编写的《百家姓》一书，共收集了408个单姓，30个复姓。发展到后来，慢慢又多了许多姓氏出来，常用的有1000个左右。

为什么要上学？

　　从懂事起，爸爸妈妈就把我们送到幼儿园，在那里和小朋友们一起愉快地成长。后来，看见哥哥姐姐们背着小书包去上学，我们也跟着他们去上学。

　　是不是每个人都要上学呢？这是肯定的。那么我们为什么要上学呢？因为只有上了学，才能学到科学文化知识和生活技能，促使我们和同学们团结友爱，适应竞争，获得进步。在学习中，我们既可以学到有形的科学知识，也能学习到无形的做人方法，成为一个对社会有用的人。

轻松考考你

你知道从小学开始读到大学毕业，总共需要多长时间吗？

轻 松 考 考 你

　　因为光线折射的缘故，我们看到河里的鱼和它实际位置一样吗？

光的折射是怎么形成的？

　　小朋友们，你们有没有注意到，把一根笔直的木棍放在一杯水中时，它看起来就好像被折断了一样。为什么会出现这种现象呢？

　　这是因为水的密度比空气大，光在空气中比在水中传播得快，所以当光从空气射入水中时，光线前进的路线就发生了变化，这被称为光的折射。

　　光波在穿过像水这样的半固体时会弯曲。这就是为什么人会产生一种错觉，认为木棍被折断了。

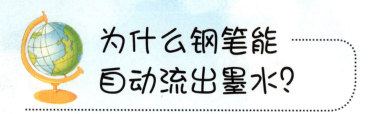

为什么钢笔能自动流出墨水?

钢笔刚发明的时候，因为能自动流出墨水，所以又叫自来水笔。

钢笔能自己流水，是发明者根据物理学中的毛细现象设计出来的。将一根很细很长的玻璃管插到盛水的玻璃杯里，你就会发现，管子里的水面很快就会比玻璃杯内的水面还要高，这就是毛细现象。

钢笔里有了这根一直盛着墨水的玻璃管，墨水才可以持续不断地流向笔舌和笔尖，在纸面上留下字迹。

轻松考考你

什么笔是中国发明的呢?

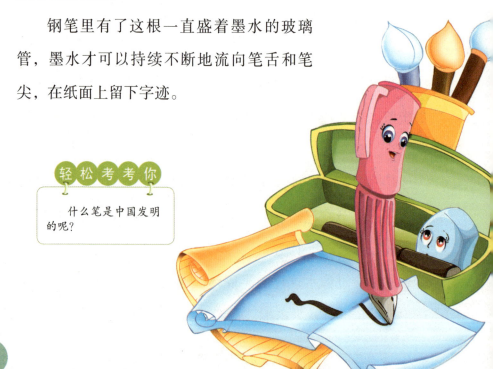

为什么热气球能飞上天？

热气球通常使用的燃料是丙烷或液化气。

人们将气瓶固定在吊篮内，当火被点燃时，火焰足有 2 - 3 米高，并发出巨大的响声。点燃后的火会加热气球球囊内的空气，使气球鼓起来，喷出的巨大热气会带动热气球往上升。

热气球本身并没有动力系统，它是随风而行的。控制燃料释放的量，或是热气的热度，就可以有效地控制热气球的浮力，使气球在空中随意"飞翔"。

世 界 真 奇 妙

　　皮球里面的空气充足时，会比空气少的时候更有弹力。

为什么皮球能弹起来?

　　圆圆的皮球是我们从小就玩耍的玩具，拍一拍还会跳动，真有趣。皮球能弹起来，是因为它是用橡胶制成的，里面充满了空气。

　　橡胶比较柔软，本身就有一定的弹性。不过皮球里面的空气，才是使它高高弹起来的真正原因。拍皮球时，球碰到地面就会因为受力被撞扁，不过球内的空气可不会乖乖地被挤压，它们一起用力向地面推，反作用于地面，使皮球恢复原来的形状。于是，皮球就弹起来了。

为什么扎紧的气球会慢慢变小？

过年的时候，爸爸妈妈会给我们买大大的红气球，拿在手上可真神气。可第二天一看，呀，气球怎么变得"没精打采"了？过段时间再看，气球整个都蔫了，表面上变得皱巴巴的。

其实，这是气球里面的空气跑掉的缘故。可是气球的嘴被扎得紧紧的，怎么会跑气呢？这是因为橡胶制成的气球的皮很薄，吹大以后就更薄了。气球表面有许多看不见的小孔，气就是从这些小孔里一点一点悄悄跑掉的。

轻松考考你

为什么气球瘪到一定程度的时候，就不会再变小了呢？

世　界　真　奇　妙

　　中国古代的四大发明中，最重要的一项就是汉朝的蔡伦发明的造纸术，这对推动人类的文明作出了卓越的贡献。

为什么白纸放久了会变黄？

　　要想知道纸为什么会变黄，首先让我们来了解一下纸张的原料是什么吧。

　　大家也许想象不出，雪白平整的纸的原料竟然包括木材、稻草、芦苇和破布等。当然在做成纸的过程当中，已经很难再看到它们的身影了，不过它们的特质还是在纸上体现了出来。

　　白纸一接触到光和空气，就会慢慢由白色变成浅黄色，而且发脆，再加上细菌的污染，时间一长，纸就会变成黄色。

为什么蜡烛能点燃?

要想知道蜡烛为什么能被点燃,还是让我们先来看看蜡烛是怎么做成的吧。

先用棉纱绳做成蜡烛芯,再在周围浇上石蜡,就做成了蜡烛。棉纱具有易燃的特点,蜡烛芯点燃后,石蜡很快就会遇热熔化变成蜡油,使蜡烛耐燃。

而且蜡油渗透进蜡烛芯的顶端,还能变成可燃烧的气体,帮助蜡烛燃烧呢。

世界真奇妙

蜡烛和油灯是古代重要的照明工具。

世界真奇妙

　　味精的发明者是一个日本人，他在发酵的粮食中尝到了鲜味，经过摸索和研究，发明出了味精。

为什么味精味道那么鲜？

　　被制成白色粉末或晶体状的味精，是我们炒菜时不可缺少的调味品，它的主要成分是谷氨酸钠，有着刺激舌头味觉细胞的功能，让人舌头上的味觉细胞对鲜味的感觉更加敏感，更能感受出菜肴中的各种味道。

　　即使把味精稀释到原来的百分之一，舌头还是能尝出味精的鲜味来。所以，炒菜时，不要放太多的味精，不然反而会影响菜肴的味道。

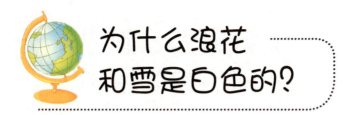

为什么浪花和雪是白色的?

　　水本身是无色的，而浪花和雪却是白色的，这是为什么呢？这是因为看似透明的浪花内部表面的圆形结构，对光线反射的角度不同，会把光线进行多次折射，形成白色。

　　构成雪花的冰晶有着复杂的结构，冰晶分子之间的角度有点像金刚钻，能对光线进行更充分地反射、全反射和折射，各种方向的光线集合在一起，就形成看上去纯白的雪花了。

世界真奇妙

　　肉眼看不见的光线，是我们生活中不能缺少的东西。
　　之所以会产生折射、反射的现象，是因为光是沿直线传播的。

针是怎么刺进别的物体里的？

一枚穿着线的小针总是很容易地穿过衣服，把掉下的扣子给缝上去，把开口的地方合起来，真神奇啊！为什么其他的东西就不行呢？

这和物理学上的压强有关系。用针的时候，我们所用的力都集中在细小的针尖上，压强变大，只花很小的力气就能把它轻松地刺进去。如果用手指去按针头或针尖，从感受到的疼痛度就能知道我们用了多大的力气。再加上布料比较柔软，中间有许多细小的孔，所以能使针线轻松地穿过。

世界真奇妙

图钉的脑袋上有一个"圆帽子"，是为了加大受力面积，节省力气。

62

世界真奇妙

跷跷板轻的那一头总是会往上翘，这和不倒翁不会倒的原理是一样的。

为什么不倒翁不会倒？

　　不倒翁可以说是每个小朋友都玩过的玩具，无论怎么推，它总是一晃就立起身，还有一张笑眯眯的脸。

　　仔细观察一下，就会发现不倒翁的设计和其他的娃娃玩具不一样。

　　它头部轻，底部重，而且底面又大又光滑，所以它的重心比较稳，即使倒下去了，也可以马上弹立起来，恢复平衡。

世界真奇妙

变色眼镜的镜片颜色有深浅的差别，看到的阳光也有强弱的区别。太阳镜既可以帮助人遮挡强烈的光线，又作为一种装饰使人看上去时尚漂亮。

为什么太阳镜能变色?

炎热的夏天，强烈的阳光射得我们睁不开眼睛。这时，我们就会看见许多叔叔阿姨带着各种颜色的太阳镜。

太阳镜能起到变色的作用，是因为在普通的玻璃原料中，增加了一些银和卤素的化合物，以及少量的铜，制造出了化学变色玻璃。当光照在镜片上时，卤化银就分解为银原子和卤素，卤素无色，银原子有色，就使镜片慢慢变暗。

光线越强，银原子分离就越多，镜片颜色就会越暗。

为什么水能灭火?

发生火灾的时候，人们都会拿水去灭火。这是因为水一遇到火，就会受热变成水蒸气，成为一种天然屏障，将火与空气分开。

火能够燃烧的条件之一，就是不能离开空气中的氧气。把火燃烧的条件都取消了，它就无法燃烧起来。如果火势太大的话，消防车上喷出的高压水龙头会起到更好的作用。

世界真奇妙

消防队员除了用水灭火，还会使用一种泡沫灭火的方法，它和用水来灭火的原理是一样的。

为什么壶盖上有小洞?

　　细心的小朋友都会发现，茶壶盖上会有一个小洞，这是为了使里外的空气能连通起来。

　　倒水时，水从壶嘴流出来，壶里的空间增大，外面的空气及时从小孔进到壶里，使壶里空气的压力与外面大气的压力相同，水就能不断从壶嘴里流出来。如果没有这个小孔，或者把这个小孔堵上，空气就不能随时流进壶里，水从壶嘴流出后，壶里的空气压力小，外面大气的压力大，壶里的水就倒不出来。

轻松考考你

　　将一瓶水往外倒，垂直倒没有斜着倒的速度快。你知道为什么斜着倒的速度会快些吗?

为什么高楼不会倒?

城市里，耸立着的高楼大厦，仿佛都快伸到云朵里去了。可大家不用担心这些漂亮的建筑物会倒塌下来，因为在它们的脚下，有着牢固的地基，它们就像有一双大脚一样，牢牢地站在地里。

泥土属于大变形材料，会随着沉重的压力而发生变形，所以建筑工人就会在土里埋上钢筋和混凝土这些坚硬的材料，形成夯实的地基，稳稳地建立起一幢幢的高楼。同时，在修建高层建筑时，设计师会考虑到风向和减轻自重的问题，设计出一些造型不同的框架型楼房。这样，再高的楼也会安然无恙。

轻松考考你

一次雷电所释放的能量，相当于10000度的电力呢。避雷针就是一根针吗？

为什么楼顶要安装避雷针？

在高高的楼顶上，通常都会装有避雷针，你知道为什么要在楼顶上安装避雷针吗？

这是因为在雷雨交加的天气里，高层建筑很容易遭到雷击，装上避雷针以后，即使遭到雷击，建筑物也不会受到太大的破坏。避雷针之所以能避雷，是因为它能够将雷电通过电线传入地下，避免建筑物受到破坏。

为什么望远镜能看到很远？

望远镜能看得很远，主要靠的是前后两块玻璃镜片，前面一块叫物镜，直径大，焦距长。后面一块叫目镜，直径小，焦距短。

物镜把远处景物反射过来的光线，在后面会聚成倒立的、缩小的实像，相当于把远处景物一下移到成像的地方。

而这个景物的倒像恰好落在目镜的前焦点处，对着目镜看进去，就像拿放大镜看东西一样，可以看到一个放大了许多倍的虚像。

轻松考考你

如果把望远镜倒过来看，会出现什么样的情形呢？

世界真奇妙

无配偶的母鸡在人工控制的环境下，可以24小时连续下蛋。

平时吃的鸡蛋能孵出小鸡吗？

鸡蛋中含有丰富的营养，是深受大家喜爱的食物。

我们都知道，小鸡是从鸡蛋里孵出来的。可是敲开鸡蛋，除了蛋黄和蛋白，是看不到小鸡的，而这些鸡蛋也是孵不出小鸡来的。

因为我们吃的鸡蛋，是那些没有配偶的母鸡下的，这些母鸡的任务就是下蛋。这些蛋没有经过受精，所以孵不出小鸡。能孵出小鸡的蛋是受精卵，它们都是有爸爸的。

为什么汤圆煮熟后会浮起来？

当汤圆完全煮熟时，蒸汽就会透过汤圆的皮跑到里面，把汤圆撑得胀鼓鼓的，使它的体积变得比原来大。

但是汤圆自己的重量并没有变化，比重比水的比重小，所以自然就浮上来了。而且装在汤圆里面的空气，也会增加汤圆的浮力，使它随着沸腾的水蹦来蹦去。

我们平时都能吃到速冻的汤圆，但是你知道哪个节日会吃汤圆吗？

为了解暑，有的小朋友一下吃很多冰棍，这样好吗？

为什么冰棍会冒"白烟"？

　　炎热的夏天，吃上一根冰凉的冰棍，是件多么舒服的事情啊。可是细心的小朋友一定会发现，把冰棍从冰箱里拿出来的时候，边上会冒起一股一股的白烟。

　　这是因为夏天天气热，温度高，冰棍受热慢慢融化，变成了水蒸气。另外，冰棍周围的空气也会变冷，形成许许多多的小水珠，这些小水珠随着空气流动，看上去就像白烟似的。

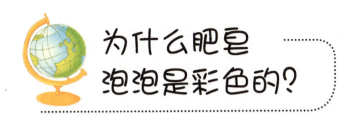

为什么肥皂泡泡是彩色的？

小朋友都玩过这个游戏，用肥皂水吹泡泡，泡泡是彩色的，十分漂亮。你知道原理吗？吹出来的泡泡有一层肥皂膜，看起来无色透明，其实有着正面和背面。当沿直线传播的阳光照射在正面和背面之间时，就会形成反射。

两股反射的光线可能重合，在肥皂膜上不同厚度的地方发出不同的光线，形成五颜六色的光，就像一个小小的光谱仪，把太阳光中红、橙、黄、绿、青、蓝、紫七种颜色都照了出来一样。

世界真奇妙

肥皂水或是洗衣粉水，都可以吹出美丽的泡泡来。

为什么汽水会冒气泡?

小朋友都喜欢喝汽水，汽水的味道甜甜的。在炎热的夏天，喝一罐汽水特别舒服。在喝汽水前，先摇一摇汽水瓶，再打开瓶盖，会发现有很多气泡一个劲地冒出来，挡也挡不住。

这是由于在汽水中，含有二氧化碳气体。汽水工厂的工人们用很大的压力将二氧化碳溶解在水里，并密封装瓶。

打开瓶子时，外面的压力小，汽水中的二氧化碳气体就会向外跑，从而产生冒泡的现象。不过，这些二氧化碳对人体是没有什么危害的。

轻松考考你

大人们喝的啤酒为什么也会冒泡呢?

74

为什么肥皂能洗掉污垢?

无论我们手上有多脏，有多油腻，只要用肥皂洗手，手就能洗得干干净净的了，这是利用了污垢一般都具有溶于油而不易溶于水的性质。

肥皂的主要成分是硬脂酸钠，具有亲油性和亲水性的特点。在洗涤时，亲油部分与油迹和污垢靠拢产生互溶，亲水部分跟随亲油部分在油迹之外的水中溶解。

所以肥皂具有将污垢从纤维或人的皮肤等上面剥离、洗掉的作用。

为什么烟花是五彩缤纷的？

每当过年过节的时候，都能看到天空中绽放的五颜六色的烟花，把夜晚的天空映照得分外明亮。

烟花在燃放时能绽放出各种颜色，之所以能放出这么绚丽的色彩，是由于烟花的纸桶里面装着掺杂了其他化学元素的火药。火药燃烧爆炸，冲到天上，那些化学元素受热而发出的火花就会变幻出各种绚丽的景观来。

各种性质不同的化学元素，发出的光的颜色也有所不同。

世界真奇妙

燃放烟花很容易引起火灾，给国家和人民带来财产损失，甚至严重时还会危害人的生命。所以，烟花爆竹的燃放要十分小心。

火柴一划就着，是因为它的顶端蘸有磷，这是一种低燃点的物质，轻微的摩擦就能使它燃烧起来。

 为什么纸燃烧得那么快？

　　我们都知道，每种物质都要到了一定温度才能被点着，物质的分子越紧密，那么它的燃点就越高。纸的燃点很低，所以很容易就被点燃了。

　　相比之下，另一种物质——煤的燃点很高。在达到燃点之前，煤需要大量的热量。

为什么风筝放高了绳子拉不直?

　　放过风筝的小朋友注意到这个情形了吗? 风筝飞得高高的, 风筝绳子就会弯弯地飘在天空中。

　　这是因为绳子除了两头有风筝向上升和人手向下拉的两个力量之外, 还有本身的重量。由于受到地心引力的作用, 绳子的中下部会向下垂形成弯曲的弧线。

　　绳子越长, 本身的重量和地球对它的吸引力也越大, 弧形也就越大。

世界真奇妙

　　我国的山东潍坊每年都会举办国际风筝节, 可热闹了!

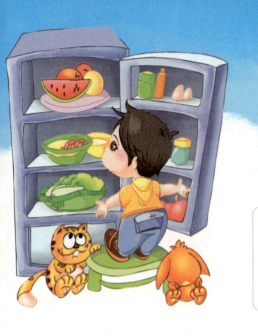

食品放进冰箱前，为什么要蒙上保鲜膜？

　　冰箱可真是个好东西，把食物放到里面就不容易变质发霉。但小朋友发现了吗，在将食品放进冰箱之前，爸爸妈妈都要在上面蒙上一层薄膜，这种薄膜就是保鲜膜。

　　那么，为什么要蒙上保鲜膜呢？原来，保鲜膜没有毒性，而且透气性非常好，能使你爱吃的食品常时间保持新鲜。但是，保鲜膜没有杀菌的本事，所以从冰箱里取出熟食以后，一定要记住得先加热了再吃，不然可能会生病。

为什么电冰箱能制冷?

每年夏天，爸爸妈妈都会给小朋友们买很多好吃的冰淇淋。为了不让它们化掉，爸爸妈妈都会把它们放进电冰箱里。为什么冰淇淋被放进电冰箱后就不会化了呢？这是因为电冰箱能制冷。

那么，电冰箱为什么能制冷呢？电冰箱是用氟利昂作制冷剂的，氟利昂在由液体转化为气体时，能产生零下29℃的低温。压缩机将气态氟压缩成液态氟时产生的热量，全都排到了电冰箱外面，所以电冰箱能够制冷。

世界真奇妙

电冰箱中低温在0℃以下的部分叫冷冻室，在0℃以上的部分叫冷藏室。

由于氟利昂泄露后会破坏臭氧层，所以现在已经不允许生产以氟利昂为制冷剂的电冰箱了。

世界真奇妙

　　烧水时，如果水装得太多，沸腾后也会掀开壶盖流出来的。熬粥也有小技巧，用小火慢慢熬粥，粥就不容易溢出来了，味道也会更清香。

为什么粥烧开了会溢出来？

　　小朋友一定喜欢喝粥吧。知道妈妈熬的香甜的粥是怎么做出来的吗？

　　煮粥时，通常要加很多的水。水沸腾后，米会和水一起变成热的淀粉，增加液体的黏度。当蒸汽从粥中跑出来，并变成气泡时，气泡外就包上了一层黏黏的淀粉，使泡沫不容易破裂。

　　加热的时间长了，上升的蒸汽越多，气泡也积累得越高，于是就从锅里溢出来了。

轻松考考你

时间长了，磁带上的磁性变弱，声音就会变调了。磁带上的音乐又是怎么放出来的呢？

为什么录音机能录音？

一听录音机的名字，就知道它有什么功能了。它能把说话、唱歌的声音给录下来，很神奇吧？小朋友想知道这是什么原理吗？这就需要了解录音机的构造了。

它是由传声器、放大器和磁头等几个部分组成的。传声器把听到的声音变成电信号，再被放大器放大，便于采集。涂有磁粉的磁带通过磁头时，被磁头磁化而带有磁性。当磁带均匀地转动时，不断发出的电信号就能跑到磁带上去了。

为什么邮票涂上胶水会卷曲？

寄过信的小朋友都知道，当把胶水涂抹在邮票背面的时候，它马上就会向上卷曲，这是为什么呢？

原来，纸张有遇到潮湿会膨胀的特性，如果只在邮票背面涂上胶水，纸张吸收了胶水中的水分，面积开始扩张，但正面因为没有吸水，所以面积不会改变。两面胀缩不一致，就会出现卷曲的情况了。

世界真奇妙

我国发行的第一枚生肖邮票是1980年2月15日发行的"猴票"。

83

为什么邮票四周有半圆小孔？

　　小朋友用过邮票吗？让我们来仔细观察一下它的特点吧。我们常见的邮票，四边像锯齿一样，都是半圆形的小孔，这叫做"齿孔"。人类最初使用的邮票并没有齿孔。

　　由于印刷邮票时，都是一大版一大版进行印刷的。出售邮票时，得用剪刀把一张张邮票剪开来卖，很不方便，而且容易让邮票破损。

　　后来，人们发明了齿孔，解决了邮票不容易撕开的问题。

轻松考考你

你知道在什么情况下会使用邮票吗？

为什么轮胎上要有花纹？

　　细心的小朋友一定会发现这样的情况，汽车、自行车还有其他交通工具的轮胎上面，都有各种深浅不一的花纹。

　　它们可不只是为了打扮黑黑的轮胎，更重要的作用是为了增大车胎与地面的摩擦力。

　　汽车行驶在路面上的速度很快，如果碰到下雨天，很容易因为刹车不及时而发生意外。有了花纹，加大了摩擦力，就保证了刹车的有效性和行驶的安全。

身体奥妙 健康知识 身边科学 植物奇闻

世 界 真 奇 妙

在地面较软的路上，过往的车辆一多，就会在道路上留下两条深深的车辙。

为什么车轮要做成圆的？

小朋友如果仔细观察圆形，会发现圆周上任何一点到圆心的距离都是相等的。

就是利用这一点，车轮才被做成了圆形。把车轴安在圆车轮的中心，当车轮在地面滚动的时候，保持车轴离地面的距离一直相等，这样车辆行驶起来才会平稳。

人们还发现，当一样东西在地上滚动的时候，滚动摩擦阻力比滑动摩擦阻力小，所以在地面滚动物体比推着物体滑动省力得多。

为什么下水道
盖子是圆的?

　　走在大街小巷，总能看到一个个铺在路面的大铁盖，这就是城市下水道窨井的盖子。

　　把它们设计成圆形是因为人体的截面是圆形，这样能方便工作人员随时进入。而且在几何图形中，圆形是承受力量最均匀的形状，踩在上面，不容易发生一头翘起的危险，可以保证行人的安全。

世界真奇妙

　　虽然工人叔叔会小心铺放下水道的盖子，可是也不能故意在上面跳来跳去，以免引起危险。

为什么在大海里游泳更容易？

你一定很想知道，为什么在大海里游泳比在游泳池里更容易。告诉你吧，这是因为海水比游泳池里的淡水密度更大，也就是说，每平方米的海水比每平方米的淡水要重。

这就给你的身体提供了更大的浮力，使你在海水里比在淡水里可以浮得更高一些。

正是海水的浮力产生了这种向上的压力，才使小朋友游泳变得更加容易了。

世 界 真 奇 妙

　死海是世界上最咸的湖泊，人浮在上面是不会沉下去的。
　从海水中提炼的盐叫海盐。

雨滴和泪珠落下来时，也是上细下粗的椭圆形。如果没有重力的影响，雨滴落下来时，会是一根长长的线。

为什么水滴是下粗上细的椭圆形？

　　小朋友，如果你仔细观察水滴，会发现它是下粗上细的椭圆形。这是由于水的表面具有张力，能被容器、物体拉拽成不同的形状，因此水滴从圆形截面的水管里滴出来的时候，可以迅速变成小球形。

　　而能随便改变形状的水滴，在随着重心往下落时，由于空气的阻力，水滴下部受阻，其四面又受到气流的磨擦，所以就逐渐形成了上细下粗的椭圆形。

为什么河水先从水面开始结冰？

冬天气温逐渐下降，尤其是在北方，表面温度较低的水会不断下沉，河底温度较高的水渐渐上升，当水温全部降到一样的温度时，对流现象基本消失，河水就不怎么流动了。

当水的表面温度降至0℃时，水面开始结冰。有了河面的冰层，就像盖上了一层被子一样，上面的冷空气很难再穿过冰层，进入河水里，所以只有河面才有冰。

轻松考考你

北方的冬天，结冰的河面可是小朋友最喜欢的天然滑冰场。在冰上滑的冰鞋和旱冰鞋有什么不同吗？

为什么水泥地上会有浅沟？

在户外，我们会看到水泥铺的操场或是路面上，每隔一段距离就会有一道浅沟。这道浅沟的作用可大着呢。

水泥地面有受热后会膨胀、遇冷又会收缩的特殊性质。如果不留下一定的空隙，一年四季，水泥反复受到温度变化的影响，地面容易挤压破损，甚至造成地面拱起来或者裂开的现象。留出一道道浅沟，就是给膨胀收缩的水泥留出空隙，保护地面。

为什么夜光表会发光?

夜光表能在黑夜里发出绿莹莹的光亮，真神奇！可是，夜光表又不是电灯，它为什么会发光呢?

夜光表之所以会发光，是由于人们在指针和表盘字块上涂上了一种会发光的物质，所以夜光表才能发出美丽的光亮来。

这种发光的物质是由硫化锌与一定量的放射性元素组成的。

轻松考考你

睡觉的时候，能不能把带荧光的物品靠近我们的身体?

为什么用体温计前要甩一甩？

用体温计前要甩一甩，这和体温计的独特设计有很密切的关系。

当我们测量体温时，体温计下面装着的水银会遇热膨胀而从细管中挤上去。离开身体后，温度下降，水银会根据热胀冷缩的原理往回落。但是由于里面的玻璃管太细了，在粗细接口处还有一个小小的弯口，水银无法顺利回去，仍然会保持在开始测量时的刻度。

所以，再次使用体温计的时候，需要甩一甩，才能正确测出体温，不然显示的温度可能就是上一次量的温度。

轻松考考你

家里测量气温的温度计和体温计是同样的原理。体温计的测量范围是35℃~42℃，和普通的温度计有很大的区别，你知道这是为什么吗？

为什么暖水瓶能保温？

小朋友都用过暖水瓶吧，知道它的保温原理吗？暖水瓶能保温，主要是因为里面的瓶胆。瓶胆是用两层玻璃做成的，玻璃之间的空隙抽成真空。

这个真空空间很重要，因为真空是不会传热的，外面的冷空气进不来，里面的热空气也出不去。

而且，瓶胆上有一层涂刷的银，能将散发的热辐射挡回去，起到保温的作用。

瓶盖上的软木塞也能挡住热气不让它跑出来。所以，暖水瓶才可以保温。

轻松考考你

暖水瓶是不是可以一直保温呢？

把一张纸放到开启的台式电扇或落地扇的后面，会发现与放在前面有完全不同的现象。

吸尘器怎么吸尘？

当妈妈用吸尘器把我们一屋子的灰尘吸得干干净净时，为什么吸尘器能吸尘呢？小朋友一定觉得神奇。这是因为在吸尘器内部装有一台旋转速度很快的电动机和配套的风叶轮。

当电动机高速旋转时，风叶轮也一起旋转，把吸尘器里面的空气迅速排出，形成强大的风力。吸尘头连接着长长的导管，直接通到吸尘器里面去，成了进气口。

外面的空气从吸尘头涌进去，周围的灰尘和其他细小的脏物也会随着强大的气流进入吸尘头，经过导管进入吸尘器里面的集尘桶。

这样就能既迅速又干净地把垃圾都扫走了。

为什么保险丝能保险？

　　我们经常会听到这么一句话："又停电了，是不是保险丝短路了？"保险丝究竟是什么东西，为什么能保险呢？

　　顾名思义，保险丝是保证安全用电的，选用熔点比普通电线低的材料制成。当家里用电太多，或电压很高的时候，就会把它烧断。这样，室内外的电路也就被切断，强电进不到室内，就保证了家用电器不会被烧坏，避免引起火灾。

轻 松 考 考 你

　　你知道自己家的保险丝安在哪个地方吗？

　　窑洞是黄土高原的产物，是陕北农民生活的居所。窑洞的形式分为靠崖式窑洞、下沉式窑洞和独立式窑洞，它们各具特色，风格各异。

为什么窑洞里冬暖夏凉？

　　在我国西北的黄土高原上，有一种非常有特色的建筑，它的名字叫窑洞。

　　窑洞通常挖在土山的山崖里，上面有很厚的黄土。泥土具有传热慢、散热也慢的特性，所以可以保持窑洞里面的温度基本不变。冬天悬挂在门口的厚门帘也能起到保温的作用，让从外面进来的人感到暖和。

什么是电脑"病毒"？

人如果生病了，去医院检查时，医生会说是哪里受到了病毒的侵害。

而电脑的"病毒"，是指像人体病毒那样可怕的、带有破坏性的一种电脑程序。这种破坏性的程序，会使电脑网络内的各种系统受到严重干扰。它会破坏电脑正常的工作，使电脑丢失原本储存的资料数据，造成网络瘫痪。

如果电脑病毒侵入连接机场、银行或商业机构的电脑网络，就会导致飞机起落失控、银行进出账目混乱或商业秘密泄密等，导致非常严重的后果。

轻松考考你

电脑中了"病毒"之后应该怎么办呢？

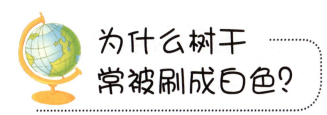

为什么树干常被刷成白色？

当天气开始渐渐变凉时，我们都会穿上厚衣服，来抵挡寒冷。同样，园林工人也会给树木穿上厚"衣服"，就是把树干刷成白色。

这种白色的东西是生石灰调成的石灰水。石灰水具有杀菌、杀虫的作用，可以杀死寄生在树干上的一些过冬的真菌、细菌和害虫，使树木不会生病。

而且白色的树干能够使大部分的阳光被反射掉，降低树干白天和夜间的温差，使树干不容易裂开。

轻松考考你

为什么不是每种树都刷石灰水呢？

99

最早的植物是什么？

在南非古代沉积下来的岩石中，人们发现一种蓝藻类化石，据地质学家测定距今已有 34 亿年了。这说明地球在那个时代已经有生命存在，这就是说，蓝藻是最早出现的含有叶素、能制造养分和独立进行繁殖的水生低等植物。现代生物界中各种各样的植物都是由低等的藻类经过几十亿年的进化发展来的。

世界真奇妙

古生代中高大的蕨类植物大都灭绝了，现存的蕨类植物中除了桫椤是木本外，其他都是草本的。

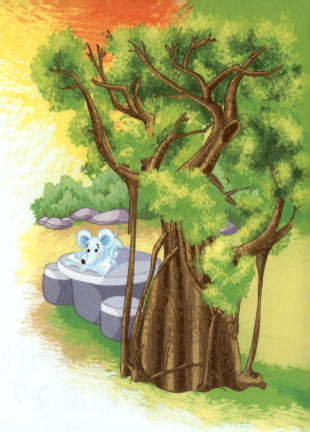

你能说出你所知道的植物的名字吗?

现在知道的植物有多少种?

　　在这个世界上,同人类关系最密切的生物就是植物了。到目前为止,全世界已经发现的植物大约有 50 万种,其中科学家已经命名的植物大约有 35 万种。

　　植物的形状、结构、生长习性和对环境的适应性各有不同。最初的植物结构简单,种类很少,经过数亿年漫长的岁月,植物也同其他生物一样,不断地进化成了今天这个样子。

世界真奇妙

在热带原始森林中，在许多高大的树木枝干上爬满了藤本植物，这些植物依靠发达的气生根与大树疯狂地争夺水分和养料，用不了多久就能让大树死亡。

植物为什么能攀爬？

常春藤能爬上墙壁，是因为它的幼枝上生长着一排排像刷子似的根，就像蜈蚣的脚一样。这些根就是常春藤往墙上或树干上爬的"脚"。它的枝条上的根总是朝着墙壁，同时又分泌黏液，黏液干后，就能牢固地附着在壁面上。就这样，常春藤用它老的部分来固定自己，而顶端幼嫩的部分则不断向上延伸。

丝瓜藤能爬上架子，是因为它体内的生长素分布不均匀造成了各部分生长速度不一致。生长素多的一边长得快些，另一边长得慢些，形成了旋转生长的状态，只要有竿可攀附，它就会爬上去。

世界真奇妙

　　浮萍的生长速度非常快，如果不经常清理，就会长满整个河道，防碍船只正常行驶。

最小的有花植物是什么？

　　世界上最小的有花植物是微萍，它的大小只有浮萍的四分之一，它唯一的"亲戚"叫"无根萍"。微萍和无根萍一样，没有根和叶子，远看像一粒粒绿色的沙子躺在水面上。微萍的繁殖方式和细菌相似：在微萍边长出一个新微萍来，然后慢慢分裂为两个，就这样一分为二，二分为四……微萍是一种有花植物，它的花要在显微镜下才能看见。

植物会吃东西吗？

任何生物的生存都需要能量，吃东西就是一种提供能量的方式。植物吃什么呢？水就是植物的生命之源。一般植物能吸收相当于自己体重300~800倍的水。二氧化碳气体也是植物叶子在进行光合作用时所需要的重要物质。1公顷土地的植物，在生长季节，每小时要吸进42千克二氧化碳。同时，许多矿物质也是植物生长不可缺少的"食物"。

轻松考考你

小朋友已经知道植物生长需要哪些物质了，想一想我们人类需要哪些东西才能生存呢？

植物能吃金属吗？

我们知道有些植物能吃昆虫，但你知道吃金属的植物吗？近些年来科学家们发现有些植物确实能吃金属，这里所说的吃金属并不是像动物那样吃食物，而是指它们能够吸收土壤中的金属原子。

我们可以利用这些植物来消除土壤的金属污染。另外，我们还可以通过吸收金属的植物来了解土壤的情况，为我们找到金属矿藏提供信息。

轻松考考你

铁树是不是可以告诉我们哪里蕴藏着铁呢？

有吃虫子的植物吗?

小朋友们常听说有吃虫子的动物，可是你听说过吃虫子的植物吗？世界上能吃虫子的植物大约有 500 种以上，猪笼草是最具代表性的植物。这种植物生长在热带森林里，叶子顶端有一个像罐子一样的捕虫囊。捕虫囊里有香味，贪吃的小虫子一旦掉进捕虫囊里，就会被它底部分泌出的液体淹死。慢慢地，有消化作用的液体就会把小虫子转化成维持猪笼草生命的营养物质。

世 界 真 奇 妙

能吃虫的植物感觉都非常灵敏，同时能大量吸收有机物。

106

　　因为有了植物的呼吸，人类才可以不断拥有赖以生存的氧气，所以我们应该加倍爱护植物才对。

植物会呼吸吗？

　　虽然植物没有鼻子，但是它们的叶、茎和花等都有许多气孔和薄膜，这些气孔和薄膜就像动物的鼻子一样能进行呼吸。大树除了能用枝叶呼吸，也可以用树干来进行呼吸，树干上的裂纹就是它们的嘴。白天，在阳光的照耀下，植物要不断地进行光合作用，吸进二氧化碳，呼出氧气，完成呼吸过程。到了夜晚，光合作用停止。植物的呼吸对我们人类可是大有益处的哦。

植物有血液吗?

人和动物都有血液,那么植物有血液吗?植物有。在世界上许多地方,都发现了洒"鲜血"和流"血"的树。我国南方山林的灌木丛中,生长着一种常绿的藤状植物——鸡血藤。当人用刀子把藤条割断时,就会发现,流出的汁液先是红棕色,然后慢慢变成鲜红色,跟鸡血一样,所以叫"鸡血藤"。

经过化学分析,发现这种"血液"可供药用,有散气、去淤、活血等功用。它的茎皮纤维,还可制造人造棉、纸、绳索等,根也有杀虫的作用。

轻松考考你

你知道人的血液有哪几种类型吗?

108

植物是怎样过冬的?

　　冬天天气寒冷，植物裸露在外面的部分虽然看上去好像已经枯死了，可事实上它的内部却充满活力。

　　植物在入冬之前，茎里或地下的部分就储存了充分的养料。这些储存下来的养料，会在内部转变为糖或脂肪，这些都是防寒的物质，可以保护植物细胞不被冻死。

　　植物还可以依靠这些储存的养料维持生命，在第二年春天天气暖和的时候再发芽生长。

轻松考考你

　　即使是同一株植物，每年发芽的时间也不会完全相同，你知道这是为什么吗?

植物会发烧吗？

　　植物和人一样会"发烧"吗？是的。植物和人类一样，如果出现发烧的状况，就表明它生病了。例如，不少农作物的体温只比周围的气温高 2℃ ~4℃，如果超出这个范围，就表明它出问题，生病了。是什么原因引起植物发烧的呢？原来，植物的病害往往先损害根部，这就影响了根对营养的吸收，营养不足就会引起发烧。另外，植物因缺水而"渴"得厉害的话，也会发烧呢。有病害的植物的叶子比正常植物的叶子温度高 3℃ ~5℃。

轻松考考你

　　如果你家种植的花草叶子蔫了，是不是因为它发烧生病了呢？

植物能活多少岁？

　　植物之间的寿命有很大差别，不同的植物寿命是不同的。一般的草本植物能活几个月到几十年，寿命最短的可能就是在沙漠中生长的"短命菊"了，它只能活几个星期。寿命较长的是木本植物。寿命在百岁以上的树木很多：杏树、柿树能活100年，柳树能活150年，梨树能活300年，樟树能活800年，松树能活1000年，雪松能活2000年，银杏树能活3000年。

世界真奇妙

　　在植物王国中，最长寿的大概要算生长在大西洋加那利群岛上的龙血树了，树龄最长达6000年。你知道吗，现在人们发明了一种仪器，只要夹在树干上，仪器就能显示出树木的年轮图案，不用伐树就可以知道树木的年龄了。

为什么不能给植物浇盐水?

因为给土壤浇含有盐分的水，会增加土壤咸度。这样，不但会破坏植物根部的吸水能力，还会使植物体内的水分从根部一点一点地向外跑掉，最后，植物就会因严重缺水而枯死。

所以，决不能用含有盐分的水浇植物。

世 界 真 奇 妙

食盐中含有氟，能起到消炎、杀菌、防止蛀牙的作用。

为什么植物的根系又多又长?

植物靠根部吸收养分和水,才能长高长粗。但地表的水分很容易蒸发,植物只好把根伸向水分充足的地下,只有根系可以把植物牢牢地固定在土壤中,遇到狂风暴雨的时候,才不易被刮倒。除此以外,根系还可以从土壤中获取植物生长所需要的养分。根系越发达,对植物的生长越有利。植物的主根大多是向下生长的。干旱地区的枣树,垂直根能深达 12 米。另外,植物的侧根和三级根、四级根有的接近水平生长,有的苹果树根系水平延伸的最大距离可达 27 米。

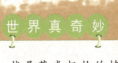

世界真奇妙

越是茂盛粗壮的植物,它的根系就越发达。

为什么植物会有各种味道?

　　这是因为各种植物中所含的化学物质不一样。如果含有糖类，如蔗糖、葡萄糖、麦芽糖、果糖等，吃起来味道就是甜甜的。如果植物里含有的淀粉与嘴里的唾液结合，分解生出葡萄糖和麦芽糖，这样也会有甜甜的味道。如果含有柠檬酸、酒石酸、醋酸、草果酸等酸类物质，味道自然就是酸的了。发涩是因为含有大量的鞣酸，如柿子、橄榄、茶叶等。黄连之所以苦，是因为含有黄连碱。辣椒之所以吃起来辣，是因为它含有辣椒素。

植物会让人醉倒吗?

在坦桑尼亚的山野中,生长着一种木菊花,又称"醉花"。它的花瓣味道香甜,动物只要一闻到它的味道,就会立即变得昏昏沉沉。如果把它放在嘴里,用不了多久,便会晕倒在地。

还有一种"醉人草",生长在埃塞俄比亚的支利维那山区,它会散发出一种清郁的香味。每当人们闻到这种香味时,便会像喝醉了酒一样,走路摇摇晃晃,身体东倒西歪。如果在它的旁边待上几分钟,就会醉得连路都走不了了。

世界真奇妙

玛努拉树是生长在南非的一种树,可以酿酒。非洲大象最喜欢吃它的果实。每当大象大量采食这种果子,并喝下一些水后,便会大发酒疯——有的狂奔不已,上蹿下跳,撞倒大树,更多的是东倒西歪,呼呼大睡,一般要两三天后才能醒过来呢。

植物身上的刺是从哪里来的？

有些植物身上长满了刺，如果一不小心被扎了，会很痛。其实这些刺都是植物身上的其他器官演变来的。

仙人掌、小檗、洋槐等身上的刺，是叶子退化而来的。所以，这些刺叫做"叶刺"。有的植物，如枸杞、山楂等，它们的刺是茎演变成的，叫做"茎刺"。蔷薇、玫瑰、月季等所生的刺，是由植物的表皮毛和少数皮层细胞变形而成，叫做"皮刺"。

植物浑身长刺看起来很可怕，其实对它们的生存是非常有利的。有的是为了保护自身免受敌害，有的是为了使自己爬到高处，还有的是为了把种子传播到远方。

轻松考考你

1. 你知道还有哪些植物长刺吗？
2. 如果把植物身上的刺拔掉，植物还能存活吗？

轻松考考你

海带是植物的叶子吗?

为什么植物不全是绿色的?

大多数植物都是绿色的,但有些植物不是。例如菌类的蘑菇、木耳等,属于植物,却不是绿色的,它们甚至连叶子也没有,更不会进行光合作用。许多藻类植物也不是绿色的。

另外,许多植物的叶子也不是绿色的,因为叶子的颜色是由植物所含的各种色素来决定的。含有胡萝卜素的植物,颜色就呈黄色、橙色或橙红色,含有花青素多的植物就呈红色。

没有泥土植物也能生长吗？

　　我们看到的植物似乎都是生长在泥土中的，可是随着科学技术的发展，许多无土栽培的蔬菜已经面世了。那么这些植物靠什么生长呢？那就是神奇的水了。只要在这种液态的"土壤"里添加许多植物需要的有机物质和无机物质，就能满足植物的生长需求。